NÜTZLICHES ASIA-SUPPEN-WISSEN

	SEITE
GANZ ASIEN IN EINER SUPPENSCHÜSSEL	04
DIE LÄNGSTE ASIA-SUPPE DER WELT	06
DIE SCHNELLSTE ASIA-SUPPE DER WELT	08
IMPRESSUM	46
ÜBER DEN TELLERRAND	48
TOTAL SEITENZAHL	49

KLASSISCH & EINFACH GUT

	SEITE
SCHARF-SAURE SUPPE	11
MISOSUPPE MIT TOFU	12
SCHARF-SAURE GARNELENSUPPE	14
INDISCHE LINSENSUPPE MIT HUHN	16
HÜHNER-KOKOS-SUPPE	19
RAMEN MIT SCHWEINEFLEISCH	20
TOTAL REZEPTE	6

AUF DEM TITELBILD SEHEN SIE DAS REZEPT PHO BO VON SEITE 07.

FRISCH EINGETROFFEN

SEITE

WÜRZIGE RINDER-BOHNEN-SUPPE 23

THAI-KÜRBIS-SUPPE 25

SCHNELLE MEERES-FRÜCHTE-LAKSA 27

SOBA-FISCH-SUPPE 29

CHINESISCHE WOK-NUDELSUPPE 30

SÜDINDISCHE TOMATEN-LINSEN-SUPPE 32

TOTAL REZEPTE 6

NEU KOMBINIERT

SEITE

TOMATEN-MANGO-SUPPE 35

ASIA-MINESTRONE 36

SESAM-FLÄDLE-SUPPE 39

SÜSSKARTOFFEL-KOKOS-SUPPE 40

FLEISCHKLÖSSCHEN-SUPPE 42

MASALA-SPINAT-CREME 45

TOTAL REZEPTE 6

SPANNENDES NEULAND
FÜR ALLE SUPPENFANS!

GANZ ASIEN
IN EINER SUPPENSCHÜSSEL

WAS SIND DENN EIGENTLICH ASIA-SUPPEN?

WAS SIND DAS FÜR NUDELN?

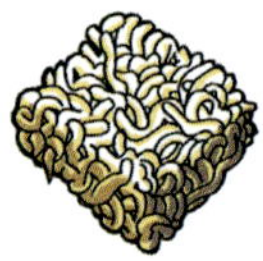

WO BEKOMME ICH DIE NUDELN?

MUSS ICH DIE BRÜHE SELBER KOCHEN?

WAS BRAUCHE ICH SONST NOCH SO?

Klar, Asien ist riesig, und jedes Land hat seine eigene Küchentradition. Suppen aber gibt's in vielen Ländern – von China, über Thailand bis Vietnam – an jeder Straßenecke zu kaufen: ganz einfach, preiswert und unglaublich lecker. **Nudelsuppen** sind dabei der absolute Renner: Ein großer Berg Nudeln schwimmt in einer gut gewürzten Brühe, dazu etwas Fleisch, Fisch oder Gemüse und oft noch jede Menge frischer Kräuter.

Ganz unterschiedliche: Dicke oder fadendünne **Reisnudeln**, die durchsichtig sind und erst beim Kochen weiß werden. Oder aber umgekehrt weiße **Glasnudeln**, die beim Kochen durchsichtig werden. Chinesische **Weizennudeln**, die unter der Bezeichnung »Mie« oder »Mee« angeboten werden. Japanische **Soba-Buchweizen-Nudeln** oder die dicken, bereits vorgegarten weißen **Udon-Nudeln**. Und das Tolle: Alle müssen nur ganz kurz gekocht oder sogar nur eingeweicht werden.

Viele Supermärkte bieten inzwischen schon Asiennudeln an. Auf jeden Fall fündig werden Sie im Asienladen. Sollten Sie eine bestimmte Sorte partout nicht finden, nehmen Sie ruhig mal eine andere oder sogar die fertigen **Instant-Nudelsuppen**. Hier lassen Sie dann einfach die beigelegte Gewürzmischung weg (siehe auch S. 8). Oft sind die Nudeln zu Bündeln oder Platten gepresst, von denen man die gewünschte Menge einfach abbricht. Nur Glasnudeln lassen sich schwer brechen oder schneiden. Die gibt es aber auch schon vorgebrochen – oft unter der Bezeichnung »Wok-Nudeln« oder »Nudelbruch«.

Wenn's schnell gehen soll, können Sie ruhig fertige Brühen (Fonds) aus dem Glas nehmen. Hier gibt es sogar schon speziell gewürzten **»Asia-Fond«**. Aber auch normale Fonds, **gekörnte Brühe** oder **Brühwürfel** lassen sich gut selbst »asiatisch aufbrezeln«: Dafür einfach ein paar Ingwerscheiben, etwas Sojasauce und Reiswein ca. 15 Min. mitkochen. Schon hat die Brühe ein fein asiatisches Aroma. Und falls Sie sich doch an eine selbst gemachte Brühe wagen wollen, schauen Sie einfach mal auf Seite 6.

Ein paar Zutaten, wie z. B. **Sojasauce, Reiswein, Fischsauce und Chilis**, werden recht häufig verwendet. Deshalb ist es ganz gut, sie im Vorrat zu haben. Einiges lässt sich aber auch gut mal ersetzen: Statt Reiswein passt trockener Sherry, statt Reisessig ein Weißweinessig. Auch Sambal oelek und Chilischoten lassen sich in Sachen Schärfe durchaus mal gegeneinander austauschen. Zitronengras hält sich gut einige Zeit im Gemüsefach des Kühlschranks, und Kaffirlimettenblätter kann man problemlos einfrieren, ebenso wie Koriander: Einfach waschen, Blättchen abzupfen und in einer Gefrierbox tiefkühlen.

DIE LÄNGSTE ASIA-SUPPE DER WELT

24 Stunden soll die Brühe für Vietnams Nationalsuppe Pho bo kochen. Etwas schneller geht es bei unserer Brühe, die sich auch als Grundlage für viele andere Suppen eignet.

Die Brühe

3 Zwiebeln
500 g Rindermarkknochen
1 kg Rinderbeinscheiben (mit Knochen)
100 g frischer Ingwer
5 Sternanis | 1 Stange Zimt
7 Nelken
2 rote Chilischoten (frisch oder getrocknet)
Salz | Pfeffer

Die Zwiebeln halbieren und in einem Topf auf der Schnittseite dunkelbraun anrösten. Mit 2,5 l Wasser ablöschen. Knochen und Beinscheiben kalt abspülen und dazugeben. Aufkochen und 5 Min. bei mittlerer Hitze kochen lassen. Dabei immer wieder den Schaum abschöpfen. Die Hitze auf schwächste Stufe reduzieren. Den Ingwer schälen und in Scheiben schneiden. Mit den Gewürzen einrühren. Alles zugedeckt ca. 4 Std. sanft kochen lassen. Die Brühe mit Salz und Pfeffer würzen und durch ein Sieb abgießen. In Gefrierboxen lässt sich die Brühe gut einfrieren.

Die Suppe (Pho bo)

100 g mageres Rinderfilet
150 g schmale vietnamesische Reisnudeln
100 g Sojasprossen
2 Frühlingszwiebeln
1 Bund Koriandergrün
1/2 Bund Thai-Basilikum
3 Zweige asiatische Minze (nach Belieben)
1 Limette
1,2 l Brühe (selbst gemacht, siehe links)

Für 4 Personen | Zubereitung **15 Min.**

Das Filet in hauchdünne Scheiben schneiden. (Das geht besonders gut, wenn man das Fleisch vorher ca. 30 Min. ins Gefrierfach legt.) Die Nudeln nach Packungsangabe in heißem Wasser einweichen oder vorkochen. In ein Sieb abgießen. Sprossen kalt abbrausen. Frühlingszwiebeln waschen, putzen und mit dem Grün in Ringe schneiden. Kräuter waschen, trockenschütteln und hacken. Limette heiß waschen, trocknen und vierteln. Die Brühe aufkochen. Die Nudeln und Sprossen in vier Suppenschalen häufen. Die Filetstreifen in die Brühe legen und in 1–3 Min. gar ziehen lassen. Brühe und Fleisch über die Nudeln geben. Mit den Zwiebelringen und Kräutern bestreuen und mit Limettensaft nach Geschmack beträufeln.

DIE SCHNELLSTE ASIA-SUPPE DER WELT

Jede Menge Hunger, aber keine Zeit? Wie wär's denn jetzt mit einer Tütensuppe de luxe? Richtig fein aufgepeppt mit jeder Menge Asienfrische.

1 DIE GRUNDLAGE ... ist eine fertige Instant-Nudelsuppe aus dem Asienladen oder Supermarkt. Die gibt es mit den zu Platten gepressten Ramen-Nudeln im Päckchen – oder ganz praktisch bereits in der folienversiegelten Plastiksuppenschüssel. Das spart Geschirr und Abwasch. Neben den Nudeln liegt meist ein Päckchen mit gekörnter Brühe und eines mit Gewürzmischung oder -öl bei.

Und folgende Zutaten können Sie jetzt noch zusätzlich in die Suppe rühren. Ihrer Fantasie- und Kombinierlust sind dabei keine Grenzen gesetzt:

2 ZARTES GEMÜSE Mungbohnensprossen, schräg geschnittene Lauchzwiebelringe, fein geschnittene Möhren- und Staudenselleriescheiben, quer halbierte Zuckerschoten, in Scheiben geschnittene Champignons oder Shiitake-Pilze – hier passt alles. Die Gemüse einfach kurz in 1 EL Öl andünsten und zur Suppe geben.

3 FISCH & GARNELEN Ganz frischen Lachs oder Thunfisch in dünne Scheiben schneiden, nach Wunsch ca. 30 Min. in etwas heller Sojasauce und Mirin (japanischer Reiswein) marinieren und in die heiße Suppe geben. Auch lecker: bereits vorgegarte, geschälte Garnelen.

4 KRÄUTERFRISCHES & WÜRZIGES Obendrauf können Sie wunderbar folgende Kräuter streuen: gehacktes Koriandergrün, ein paar in Streifen geschnittene Blättchen Thai-Basilikum, dünne Ringe Frühlingszwiebelgrün, Schnittlauchröllchen oder in Röllchen geschnittenen Schnittknoblauch.

Wer Schärfe liebt, gibt noch einige Würfelchen frisch gehackte Chilischote oder etwas Sambal oelek dazu.

2
YumYum
Typ Shrimp
1
4
3

KLASSISCH & EINFACH GUT

SCHARF-SAURE SUPPE

super-schnell

6 getrocknete Mu-Err-Pilze ++ 100 g Bambussprossen in Streifen (aus der Dose) ++ 1 kleine Salatgurke ++ 850 ml Hühnerbrühe ++ 200 g magerer gekochter Schinken ++ 4 EL Sojasauce ++ 3 EL Reisessig (ersatzweise Weißweinessig) ++ 1/2–1 TL Sambal oelek ++ 2 TL Zucker ++ Salz

Für 4 Personen | Zubereitung **45 Min.** | Pro Person ca. **170 kcal, 23 g EW, 4 g F, 9 g KH**

1 Die Pilze mit heißem Wasser übergießen und ca. 30 Min. quellen lassen. Abgießen, gründlich waschen und in Streifen schneiden. Die Bambussprossen in ein Sieb gießen und abtropfen lassen. Die Gurke schälen, längs vierteln und in 5 mm dicke Scheiben schneiden.

2 Die Brühe in einem Topf aufkochen. Die Pilze, Sprossen und Gurkenscheiben einstreuen und bei schwacher Hitze 2 Min. sanft kochen lassen.

3 Den Schinken in feine Streifen schneiden. Mit Sojasauce, Essig und Sambal oelek in die Suppe rühren. Die Suppe mit Zucker und Salz abschmecken und noch 1–2 Min. ziehen lassen. Sofort servieren.

aus Japan

MISOSUPPE
MIT TOFU

150 g Blattspinat
8 Radieschen
250 g Tofu
750 ml Instant-Dashi-Brühe (aus dem Asienladen)
70 g Misopaste (aus dem Asienladen)
1 EL Sojasauce

Für 4 Personen | Zubereitung **20 Min.** | Pro Person ca. **140 kcal, 9 g EW, 6 g F, 11 g KH**

1 Den Spinat putzen, waschen und abtropfen lassen. Die Radieschen putzen, waschen und in dünne Scheiben schneiden. Den Tofu trockentupfen und in ca. 1 cm große Würfel schneiden.

2 Die Brühe nach Packungsangabe erhitzen, aber nicht kochen lassen. Die Misopaste mit einem Schneebesen gut in der Brühe verrühren. Spinat, Radieschen und Tofu in die Brühe streuen und bei schwacher Hitze 2 Min. darin ziehen lassen. Die Suppe mit Sojasauce abschmecken und in Schalen servieren.

MEIN TAUSCH-TIPP
Statt Spinat und Radieschen können ruhig auch mal **dünne Lauchstreifen** und **Champignonscheibchen** in die Suppe wandern.

WARUM DARF DIE BRÜHE EIGENTLICH NICHT KOCHEN?

Wenn Sie das Miso in zu heiße Brühe rühren, verbindet es sich nicht mit der Brühe, sondern flockt aus.

aus Thailand

SCHARF-SAURE GARNELENSUPPE

[Tom Yum Gung]

2 Stängel Zitronengras
6 Kaffirlimettenblätter
1 Stück frischer Galgant (3 cm, ersatzweise Ingwer)
800 ml Hühnerbrühe
1–2 EL Tom-Yum-Paste (aus dem Asienladen)
200 g Babymais (aus der Dose)
4 EL Fischsauce
250 g rohe geschälte Garnelen
1 Limette
3 Stängel Koriandergrün

Für 4 Personen | Zubereitung **30 Min.** | Pro Person ca. **180 kcal, 23 g EW, 5 g F, 9 g KH**

1 Das Zitronengras längs halbieren und leicht zerdrücken. Die Limettenblätter halbieren. Den Galgant schälen und in dünne Scheiben schneiden. Alles mit der Brühe aufkochen. Die Tom-Yum-Paste einrühren. Bei schwacher Hitze 15 Min. sanft kochen lassen.

2 Den Mais waschen und in dünne Scheiben schneiden. Das Zitronengras aus der Brühe nehmen. Mais und Fischsauce einrühren und bei mittlerer Hitze 5–7 Min. sanft kochen lassen. Die Garnelen einlegen und in ca. 3 Min. gar ziehen lassen. Die Limette auspressen. Die Suppe mit dem Saft nach Geschmack säuerlich abschmecken. Koriandergrün waschen, trockenschütteln und fein hacken. Über die Suppe streuen.

WAS IST EIGENTLICH TOM-YUM-PASTE?

Eine ziemlich scharfe thailändische Mischung aus Chilis, getrockneten Garnelen, Knoblauch, Zitronengras und Galgant – very hot!

INDISCHE LINSENSUPPE
MIT HUHN

[Mulligattawny]

macht satt

200 g Hähnchenbrustfilet
1 Stück frischer Ingwer (ca. 4 cm)
1 Knoblauchzehe
3 EL Öl
je 1 TL gemahlener Kreuzkümmel und Koriander
1–2 TL scharfes Currypulver
150 g rote Linsen
1 l Hühnerbrühe
1 TL Zucker | Salz
3 EL frisch gepresster Limettensaft
4 EL Joghurt (3,5 % Fett)
3 EL gehacktes Koriandergrün

Für 4 Personen | Zubereitung **1 Std.** | Pro Person ca. **355 kcal, 33 g EW, 13 g F, 25 g KH**

1 Das Fleisch klein würfeln. Ingwer und Knoblauch schälen. Beides fein hacken.

2 Das Öl in einem Topf erhitzen. Ingwer, Knoblauch und die Gewürze darin ca. 30 Sek. unter Rühren rösten. Die Fleischwürfel einrühren und 1 Min. braten. Die Linsen einstreuen und die Brühe angießen. Alles zugedeckt bei schwacher Hitze ca. 45 Min. sanft kochen, bis die Linsen weich und breiig sind.

3 Die Suppe mit Zucker, Salz und Limettensaft abschmecken. Auf vier Teller verteilen, je einen Klecks Joghurt darauf setzen und mit Koriandergrün bestreuen.

MEIN RESTE-TIPP

Noch **gekochter Reis vom Vortag** da? Super, den rühre ich einfach in die fertige Suppe. Und wenn mir nach Gemüse zumute ist, koche ich noch 2 gewürfelte Möhren und Tomaten mit den Linsen mit.

HÜHNER-KOKOS-SUPPE

kokosmild

[Tom ka Kai]

2 Stängel Zitronengras
4 Kaffirlimettenblätter
2 frische rote Chilischoten
1 Stück frischer Galgant (ca. 5 cm, ersatzweise Ingwer)
400 g Hähnchenbrustfilet
300 g Austernpilze
400 ml Kokosmilch (aus der Dose)
600 ml Hühnerbrühe
4 Stängel Koriandergrün
3–4 EL frisch gepresster Limettensaft
1 TL Zucker | Salz

Für 4 Personen | Zubereitung **30 Min.** | Pro Person ca. **405 kcal, 35 g EW, 23 g F, 11 g KH**

1 Das Zitronengras längs halbieren und leicht zerdrücken. Limettenblätter halbieren. Die Chilis entkernen und in feine Ringe schneiden. Den Galgant schälen und fein hacken. Das Fleisch in dünne Scheiben schneiden. Die Pilze trocken abreiben, putzen und in Streifen schneiden.

2 Die Kokosmilch mit Brühe, Zitronengras, Limettenblättern, Galgant und Chilis in einem Topf aufkochen. Bei mittlerer Hitze 5 Min. sanft kochen lassen. Fleisch und Pilze einrühren. Alles bei schwacher Hitze 8–10 Min. sanft weiterkochen lassen.

3 Das Koriandergrün waschen, trockenschütteln und fein hacken. Die Suppe mit Limettensaft, Zucker und Salz abschmecken. Mit Koriandergrün bestreut servieren.

aus Japan

RAMEN
MIT SCHWEINEFLEISCH

60 g Ramen-Nudeln (ersatzweise Somen-Nudeln)
6 getrocknete Shiitake-Pilze
120 g Schweinefilet
150 g weißer Rettich
1 Möhre
2 Frühlingszwiebeln
1/2 Bio-Zitrone
800 ml Gemüsebrühe
1 Knoblauchzehe
5 EL Mirin (japanischer Reiswein)
4 EL helle Sojasauce

Für 4 Personen | Zubereitung **40 Min.** | Pro Person ca. **195 kcal, 12 g EW, 4 g F, 22 g KH**

1 Die Nudeln nach Packungsangabe garen. In ein Sieb abgießen und abtropfen lassen. Die Pilze mit 200 ml kochendem Wasser übergießen und 15 Min. quellen lassen. Abgießen, dabei das Wasser auffangen. Die Pilze in Streifen schneiden.

2 Das Fleisch in dünne Scheiben schneiden. Rettich und Möhre schälen. Beides in dünne Stifte schneiden. Die Frühlingszwiebeln waschen und putzen. Den weißen Teil in Stifte, den grünen in dünne Ringe schneiden. Die Zitrone heiß waschen, trocknen und die Schale dünn abreiben. Die Frucht auspressen.

3 Die Brühe aufkochen. Knoblauch schälen und dazupressen. Zitronensaft und -schale, Mirin, Pilzwasser und Sojasauce einrühren. Pilze und Fleisch hineingeben. Alles bei mittlerer Hitze 3 Min. sanft kochen lassen. Rettich-, Möhren- und Zwiebelstifte einstreuen und 3 Min. weitergaren. Die Nudeln unterrühren und heiß werden lassen. Die Suppe in vier Schalen verteilen und mit dem Zwiebelgrün bestreuen.

FRISCH
EINGETROFFEN

wärmend

WÜRZIGE RINDER-BOHNEN-SUPPE

600 g mageres Suppenfleisch ++ 2 Knoblauchzehen ++ 1 l Rinderbrühe ++ 1 Stange Zimt ++ 2–3 getrocknete Chilischoten ++ 2 Sternanis ++ 1 Bio-Orange ++ Salz ++ 500 g grüne Bohnen ++ 3 Frühlingszwiebeln ++ 3 EL Sojasauce

Für 4 Personen | Zubereitung **2 Std. 45 Min.** | Pro Person ca. **270 kcal, 38 g EW, 8 g F, 14 g KH**

1 Das Fleisch trockentupfen, Knoblauch schälen. Beides mit Brühe, Zimt, Chilis und Sternanis in einem Topf mischen. Orange heiß waschen und trocknen. Ca. 1 Msp. Schale dünn abreiben und zur Brühe geben. Alles einmal aufkochen. Salzen und zugedeckt bei schwacher Hitze 2 Std. 30 Min. sanft kochen lassen.

2 Das Fleisch herausnehmen, abkühlen lassen und in dünne Scheiben schneiden. Die Bohnen waschen, putzen und schräg in kurze Stücke schneiden. Die Brühe durch ein Sieb gießen, dann wieder in den Topf füllen. Die Orange auspressen, den Saft zur Brühe gießen. Die Bohnen einrühren und bei mittlerer Hitze 12–15 Min. in der Brühe garen. Frühlingszwiebeln waschen und mit dem Grün in Ringe schneiden. Das Fleisch und die Zwiebeln zugeben und heiß werden lassen. Die Suppe mit Sojasauce abschmecken.

THAI-KÜRBIS-SUPPE

kokos-nussig

ca. 700 g Kürbis (z. B. Hokkaidokürbis)
5 Kaffirlimettenblätter
2 Zwiebeln | 2 EL Sonnenblumenöl
1 1/2 EL rote Thai-Currypaste
600 ml Hühnerbrühe
400 ml Kokosmilch (aus der Dose)
1–2 EL Fischsauce
1 EL Zucker | 2 EL Limettensaft | Salz

Für 4 Personen | Zubereitung **35 Min.** | Pro Person ca. **390 kcal, 11 g EW, 30 g F, 19 g KH**

1 Den Kürbis schälen, Kerne herausschaben und das Fruchtfleisch klein würfeln. Die Limettenblätter waschen und in sehr feine Streifen schneiden. Dabei die dicke Blattrippe entfernen. Die Zwiebeln schälen und in Streifen schneiden.

2 Das Öl in einem Topf erhitzen und die Zwiebeln darin andünsten. Die Currypaste unter Rühren 30 Sek. darin anrösten. Das Kürbisfleisch einrühren und 2 Min. anbraten. Brühe und Kokosmilch angießen, Limettenblätter und Fischsauce zugeben. Alles bei mittlerer Hitze 20–25 Min. sanft kochen lassen. Die Suppe mit dem Pürierstab cremig pürieren. Mit Zucker, Limettensaft und etwas Salz abschmecken.

MEIN ZUSATZTIPP

Wer mag, streut zusätzlich noch ca. 15 in Streifen geschnittene Blätter **Thai-Basilikum** über die Suppe.

Singapur-Spezialität

SCHNELLE MEERESFRÜCHTE-LAKSA

4 EL gemahlene Mandeln
2–3 EL gelbe Thai-Currypaste
1/2 TL Kurkumapulver
1/2 TL gemahlener Kreuzkümmel
400 ml Kokosmilch (aus der Dose)
800 ml Hühnerbrühe
300 g chinesische Eiernudeln (Mie)
12 Cocktailtomaten
200 g frische Ananas
400 g TK-Meeresfrüchte
je 2 EL Fischsauce und Sojasauce
1 Limette

Für 4 Personen | Zubereitung **1 Std.** | Pro Person ca. **755 kcal, 27 g EW, 35 g F, 19 g KH**

1 Mandeln, Currypaste, Kurkuma, Kreuzkümmel und 6 EL Kokosmilch verquirlen. In einem Topf unter Rühren so lange braten, bis die Kokosmilch fast verdunstet ist. Die restliche Kokosmilch und die Brühe angießen. Offen bei mittlerer Hitze 10 Min. sanft kochen lassen.

2 Inzwischen die Nudeln nach Packungsangabe garen. In ein Sieb abgießen. Tomaten waschen, halbieren und den Stielansatz entfernen. Ananas schälen, den Strunk entfernen und das Fruchtfleisch in dünne Scheiben schneiden.

3 Die gefrorenen Meeresfrüchte mit Fisch- und Sojasauce in die Brühe rühren. Bei schwacher Hitze 5 Min. ziehen lassen. Nudeln, Tomaten und Ananas dazugeben und weitere 3 Min. ziehen lassen. Die Limette auspressen. Die Suppe mit dem Saft abschmecken.

SOBA-FISCH-SUPPE

leicht und frisch

250 g Soba-Nudeln
450 g Seelachsfilet
8 Stangen grüner Spargel (ca. 400 g)
3 Frühlingszwiebeln
1 Stück frischer Ingwer (ca. 3 cm)
1,2 l Gemüsebrühe
4 EL Sake (ersatzweise Sherry)
5 EL helle Sojasauce
2–3 EL frisch gepresster Zitronensaft
Salz | Pfeffer

Für 4 Personen | Zubereitung **1 Std.** | Pro Person ca. **565 kcal, 36 g EW, 20 g F, 61 g KH**

1 Die Nudeln nach Packungsangabe garen. Abgießen und abtropfen lassen. Den Fisch kalt abspülen, trockentupfen und in kleine Würfel schneiden. Den Spargel waschen, holzige Enden entfernen und die Stangen schräg in dünne Scheiben schneiden. Frühlingszwiebeln waschen, putzen und mit dem Grün schräg in Ringe schneiden.

2 Den Ingwer schälen und sehr fein würfeln. Mit der Brühe in einem Topf aufkochen. Zugedeckt bei schwacher Hitze 5 Min. sanft kochen lassen. Den Spargel hineingeben und 3 Min. weiterkochen. Sake, Sojasauce und Zitronensaft einrühren. Mit Salz und Pfeffer würzen. Den Fisch in die Brühe geben und bei schwacher Hitze in 3–5 Min. gar ziehen lassen.

3 Die Nudeln in vier Suppenschalen verteilen. Mit den Frühlingszwiebeln bestreuen und mit der heißen Suppe übergießen.

blitz-schnell gewokt

CHINESISCHE WOK-NUDELSUPPE

[Tang Mein]

350 g Mie-Nudeln
250 g Rindersteak (ersatzweise Rinderfilet)
200 g Pack-Choi (ersatzweise Spinat)
1 rote Paprikaschote
100 g Champignons
2 Frühlingszwiebeln
700 ml Rinderbrühe
3 EL Erdnussöl
5 EL Sojasauce
4 EL Reiswein (ersatzweise Sherry)
2 EL Chili-Bohnen-Paste (aus dem Asienladen)

Für 4 Personen | Zubereitung **1 Std.** | Pro Person ca. **545 kcal, 18 g EW, 15 g F, 9 g KH**

1 Die Nudeln nach Packungsangabe garen und in ein Sieb abgießen. Das Fleisch in sehr feine Streifen schneiden. Pack-Choi und Paprika putzen, waschen und in mundgerechte Streifen schneiden. Pilze trocken abreiben und in Scheiben schneiden. Frühlingszwiebeln waschen, putzen und mit dem Grün in dünne Ringe schneiden. Die Brühe erhitzen.

2 Das Öl im Wok oder in einer Pfanne erhitzen und das Fleisch darin anbraten. Das Gemüse und die Pilze dazugeben und unter Rühren 1 Min. mitbraten. Sojasauce, Reiswein, Bohnenpaste und 5 EL Brühe einrühren und 3 Min. weiterbraten.

3 Die Nudeln in vier Suppenschalen verteilen und mit heißer Brühe übergießen. Die Fleisch-Gemüse-Mischung gleichmäßig darauf verteilen. Mit den Frühlingszwiebeln bestreuen.

WIE KANN ICH DIESE SUPPE GANZ BESONDERS WÜRZEN?

Träufeln Sie noch 1–2 EL geröstetes Sesam-Würzöl über die fertige Suppe.

fruchtig-säuerlich

SÜDINDISCHE TOMATEN-LINSEN-SUPPE

500 g Tomaten
1 geh. EL Tamarindenmark (aus dem Asienladen)
1 Knoblauchzehe
2 EL Öl
50 g rote Linsen
1–2 getrocknete Chilischoten
3/4 TL Kreuzkümmelsamen
1/2 TL Kurkumapulver
Salz | 1–1 1/2 EL Zucker
3/4 TL braune Senfkörner
2 EL gehacktes Koriandergrün

Kümmel
Chili
Korianderpulver
Salz

Für 4 Personen | Zubereitung **45 Min.** | Pro Person ca. **130 kcal, 4 g EW, 6 g F, 14 g KH**

1 Die Tomaten waschen und kreuzweise einritzen. Mit 700 ml kochendem Wasser überbrühen. Kurz ruhen lassen, dann herausnehmen, häuten und in Stückchen schneiden. Das Wasser aufbewahren. Das Tamarindenmark mit 100 ml heißem Wasser verquirlen und 15 Min. ziehen lassen.

2 Den Knoblauch schälen und fein hacken. 1 EL Öl in einem Topf erhitzen. Knoblauch, Linsen, Chilis und Kreuzkümmel kurz darin andünsten. Die Tomaten und das Brühwasser einrühren. Den Tamarindensaft durch ein feines Sieb dazustreichen. Mit Kurkuma, Salz und Zucker würzen. Alles zugedeckt bei mittlerer Hitze 25 Min. kochen lassen.

3 Die Suppe nach Wunsch pürieren. 1 EL Öl in einem Pfännchen erhitzen und die Senfkörner darin rösten, bis sie knistern. Sofort unter die Suppe rühren. Die Suppe nochmals mit Salz und Zucker abschmecken. Mit Koriandergrün bestreut servieren.

MEIN ZEITSPARTIPP

Schneller und weniger umständlich geht's, wenn Sie **fertiges Tamarindenkonzentrat** aus dem Asienladen verwenden. Allerdings ist dieses nicht so fein im Geschmack wie selbst eingeweichte Tamarinde.

NEU KOMBINIERT

fein-
fruchtig

TOMATEN-MANGO-SUPPE

1 reife Mango ++ 1 Zwiebel ++ 2 Stängel Zitronengras ++ 1–2 frische rote Chilischoten ++ 2 EL Olivenöl ++ 1 große Dose geschälte Tomaten (800 g Füllgewicht) ++ 300 ml Mango-Apfelsaft (aus dem Bio-Laden) ++ Salz ++ 2 EL Pastis (Anisbrand, nach Belieben)

Für 4 Personen | Zubereitung **45 Min.** | Pro Person ca. **205 kcal, 3 g EW, 7 g F, 27 g KH**

1 Die Mango schälen. Das Fruchtfleisch schräg vom Stein schneiden und 1 cm groß würfeln. Zwiebel schälen und hacken. Die unteren 10 cm der Zitronengrasstängel fein hacken. Chilischoten waschen, halbieren, entkernen und fein hacken.

2 Das Öl in einem Topf erhitzen und die Zwiebel darin andünsten. Zitronengras, Chili und die Tomaten samt Saft einrühren. Den Mango-Apfelsaft zugießen. Die Suppe salzen und aufkochen. Einige Mangowürfel beiseite legen. Die restlichen in die Suppe geben. Alles offen bei schwacher Hitze ca. 25 Min. sanft kochen lassen.

3 Nach Belieben Pastis einrühren. Die Suppe 5 Min. weiterkochen lassen, dann mit dem Pürierstab schaumig pürieren. Auf vier Teller verteilen und mit den übrigen Mangowürfeln bestreuen.

mit Asia-Pesto

ASIA-MINESTRONE

1 Bund Koriandergrün
1 Limette
1 Stück frischer Ingwer (ca. 2 cm)
1 Knoblauchzehe
1 frische rote Chilischote
75 ml Olivenöl
120 g Glasnudeln
1 l Gemüsebrühe
300 g TK-Suppengemüse
4 EL helle Sojasauce

Für 4 Personen | Zubereitung **25 Min.** | Pro Person ca. **330 kcal, 4 g EW, 20 g F, 27 g KH**

1 Den Koriander waschen und trockenschütteln. Die Blätter und Stängel grob hacken. Limette heiß waschen, trocknen und die Schale dünn abreiben. Die Frucht auspressen. Ingwer und Knoblauch schälen. Beides fein hacken. Chilischote waschen, halbieren, entkernen und hacken. Alles mit dem Öl mit dem Pürierstab fein pürieren.

2 Die Nudeln nach Packungsangabe mit kochendem Wasser überbrühen oder kurz kochen. In ein Sieb abgießen und abtropfen lassen. Mit einer Küchenschere etwas zerkleinern.

3 Die Brühe aufkochen. Das Gemüse tiefgekühlt oder leicht angetaut hineingeben und bei schwacher Hitze 10 Min. sanft kochen lassen. Die Suppe mit Sojasauce würzen. Die Nudeln hineingeben und heiß werden lassen. Die Suppe auf vier Teller verteilen und jeweils einen Klecks Korianderpesto darauf setzen.

MEIN ASIENTIPP

Für alle, denen normales Suppengemüse zu öde ist: Es gibt auch **Asiengemüse als TK-Ware**. Hier allerdings darauf achten, dass möglichst keine Würzmischung untergemengt ist.

schwabi-atisch

SESAM-FLÄDLE-SUPPE

6 EL Mehl
6 EL Milch
2 Eier | Salz
1/4 Bund Schnittlauch
2 EL schwarzer Sesam
4 EL Öl

1 Stange Lauch
2 Stangen Staudensellerie
1 große Möhre
1 l Rinderbrühe (ersatzweise Gemüsebrühe)
3 EL Sojasauce
2 EL Sherry

Für 4 Personen | Zubereitung **35 Min.** | Pro Person ca. **295 kcal, 10 g EW, 19 g F, 19 g KH**

1 Das Mehl mit Milch und Eiern verquirlen. Den Teig mit etwas Salz würzen. Schnittlauch waschen, trockenschütteln und in Röllchen schneiden. Mit dem Sesam unter den Teig rühren. 1 EL Öl in einer Pfanne erhitzen. Etwas Teig hineingeben, verstreichen und einen goldgelben Pfannkuchen backen. Auf diese Weise noch drei weitere Pfannkuchen backen.

2 Das Gemüse waschen, putzen und in feine, ca. 4 cm lange Stifte schneiden. Die Brühe erhitzen und mit Sojasauce und Sherry würzen. Das Gemüse einstreuen und bei schwacher Hitze 2 Min. darin garen.

3 Die Pfannkuchen aufrollen und in dünne Scheiben schneiden. Die Scheiben in die Suppe geben und kurz heiß werden lassen.

mild & sämig

SÜSSKARTOFFEL-KOKOS-SUPPE

2 große Süßkartoffeln (ca. 600 g)
1 Bund Suppengrün
1 Zwiebel
2 EL Butter
800 ml Hühnerbrühe
300 ml Kokosmilch
Salz | Pfeffer
3 EL Sojasauce
2–3 EL Sweet-Chili-Sauce (aus dem Asienladen)
4 EL geröstete gesalzene Erdnüsse
12 Blättchen Thai-Basilikum (nach Belieben)

Für 4 Personen | Zubereitung **40 Min.** | Pro Person ca. **530 kcal, 18 g EW, 30 g F, 46 g KH**

1 Die Süßkartoffeln schälen. Das Suppengrün waschen und putzen. Beides klein würfeln. Zwiebel schälen und hacken. Die Butter in einem Topf erhitzen und die Zwiebel darin andünsten. Das Suppengrün dazugeben und 3 Min. mitdünsten. Die Brühe angießen und die Kartoffelwürfel zugeben. Zugedeckt bei schwacher Hitze 15 Min. garen.

2 Die Kokosmilch zugießen und 5 Min. weiterkochen lassen. Die Suppe salzen, pfeffern und mit dem Pürierstab cremig pürieren. Mit Soja- und Sweet-Chili-Sauce würzen. Erdnüsse grob hacken, Basilikum waschen. Beides vor dem Servieren über die Suppe streuen.

MEIN VERWANDLUNGSTIPP

Keine Lust auf Kokos? Dann rühren Sie doch einfach 3–4 EL **Erdnussmus** in die fertige Suppe. Die schmeckt besonders fein, wenn sie dann noch ein paar gebratene Streifen **Putenbrust** darauf geben.

FLEISCHKLÖSSCHEN-SUPPE

scharf & würzig

- 200 g frische Udon-Nudeln
- 500 g rohe Kalbsbratwürste
- 100 g Mungbohnensprossen
- 1 rote Paprikaschote
- 1 Gemüsezwiebel
- 2 EL Sonnenblumenöl
- 1 TL Speisestärke
- 2 EL Tomatenmark
- 1 l Fleischbrühe
- 2 EL Hoisin-Sauce
- 6 EL Sojasauce

Für 4 Personen | Zubereitung **35 Min.** | Pro Person ca. **595 kcal, 17 g EW, 43 g F, 30 g KH**

1 Die Nudeln nach Packungsangabe garen und in ein Sieb abgießen. Die Würste an einem Ende aufschneiden. Das Brät herausdrücken und zu walnussgroßen Bällchen formen.

2 Die Sprossen kalt abbrausen. Die Paprika putzen, waschen und in dünne Streifen schneiden. Die Zwiebel schälen und in feine Streifen schneiden.

3 Das Öl in einem Topf erhitzen und die Zwiebel darin andünsten. Stärke und Tomatenmark zugeben und 1 Min. unter Rühren anrösten. Die Brühe zugießen und 10 Min. sanft kochen lassen. Hoisin- und Sojasauce einrühren. Die Klößchen und Paprikastreifen in die Suppe legen und bei schwacher Hitze in 5–7 Min. gar ziehen lassen. Die Sprossen und Nudeln unterheben und 1 Min. garen. Die Suppe sofort servieren.

MASALA-SPINAT-CREME

erfrischend

- 3 kleine Zwiebeln
- 2 Knoblauchzehen
- 1 Bund Petersilie
- 5 Stängel frische Minze
- 500 g Spinat (ersatzweise 300 g TK-Blattspinat)
- 3 EL Sonnenblumenöl
- 1/4 TL Chilipulver
- 1 TL gemahlener Kreuzkümmel
- 1 TL Garam Masala
- 1 l Gemüsebrühe
- 2 EL frisch gepresster Zitronensaft
- Salz | Pfeffer

Für 4 Personen | Zubereitung **25 Min.** | Pro Person ca. **180 kcal, 5 g EW, 12 g F, 11 g KH**

1 Die Zwiebeln und den Knoblauch schälen und fein hacken. Petersilie und Minze waschen, trockenschütteln und die Blättchen hacken. Spinat putzen, waschen und abtropfen lassen. TK-Spinat antauen lassen.

2 Das Öl erhitzen und die Zwiebel- und Knoblauchwürfel darin hellbraun andünsten. Die Gewürze zugeben und unter Rühren 30 Sek. rösten. Die Brühe angießen. Alles zugedeckt bei mittlerer Hitze 8 Min. sanft kochen lassen.

3 Den Spinat, die Kräuter und den Zitronensaft einrühren. Alles 3 Min. sanft kochen lassen. Die Suppe mit dem Pürierstab cremig pürieren. Salzen, pfeffern und auf vier Teller verteilen. Besonders lecker mit einem guten Löffel Sahnejoghurt oder griechischem Joghurt und mit Garam Masala bestreut.

MEIN AROMA-TIPP

Minze ist nicht gleich Minze. Hier ideal: Marokkanische Minze oder Asiatische Minze, normale Pfefferminze schmeckt zu dominant.

Die Autorin

Tanja Dusy war nach dem Studium der Germanistik zunächst fürs Fernsehen tätig, bevor sie ihre Neigung zum Beruf machte: Seit 2001 ist sie Redakteurin und Autorin für GU. Ihre Begeisterung für die asiatische Küche und vor allem deren Suppen entdeckte sie auf mehreren großen Reisen durch Asien/Indien.

Der Fotograf

Jörn Rynio zählt internationale Zeitschriften, namhafte Buchverlage und Werbeagenturen zu seinen Auftraggebern. Mit klarem Stil, einer großen Portion Kreativität und appetitanregendem Styling setzt der Hamburger Fotograf Food-Spezialitäten aus aller Welt stimmungsvoll in Szene. Tatkräftig unterstützt wird er dabei von seinen Stylistinnen **Petra Speckmann** (Food) und **Michaela Suchy** (Requisite).

Bildnachweis

Titelfoto: Klaus-Maria-Einwanger, Rosenheim; alle anderen: Jörn Rynio, Hamburg

Programmleitung: Doris Birk
Leitende Redakteurin:
Stephanie Wenzel
Redaktion: Ruth Wiebusch
Lektorat: Petra Teetz
Korrektorat: Susanne Elbert
Layout, Typographie und Umschlaggestaltung:
Lucie Schmid, independent Medien-Design, München
Illustrationen Seite 4, 48 und U3:
Harold Lazaro, Backyard10, München
Satz: Filmsatz Schröter, München
Herstellung: Gloria Pall
Reproduktion:
Penta Repro, München
Druck und Bindung:
Druckhaus Kaufmann, Lahr

ISBN 978-3-8338-0669-8

1. Auflage 2007

DAS ORIGINAL · MIT GARANTIE · GU

DAS ORIGINAL MIT GARANTIE

Ihre Meinung ist uns wichtig. Deshalb möchten wir Ihre Kritik, aber auch Ihr Lob erfahren, um als führender Ratgeberverlag noch besser zu werden. Darum schreiben Sie uns! Wir freuen uns auf Ihre Post und wünschen Ihnen viel Spaß mit Ihrem GU-Ratgeber.

Unsere Garantie: Sollte ein GU-Ratgeber einmal einen Fehler enthalten, schicken Sie uns das Buch mit einem kleinen Hinweis und der Quittung innerhalb von sechs Monaten nach dem Kauf zurück. Wir tauschen Ihnen den GU-Ratgeber gegen einen anderen zum selben oder ähnlichen Thema um.

GRÄFE UND UNZER VERLAG

Redaktion Kochen & Verwöhnen

Postfach 86 03 13
81630 München
Fax: 0 89/4 19 81-113

oder schreiben Sie uns eine E-Mail:
leserservice@graefe-und-unzer.de

GRÄFE UND UNZER

Ein Unternehmen der
GANSKE VERLAGSGRUPPE

100 JAHRE GANSKE VERLAGSGRUPPE

ÜBER DEN TELLERRAND

 **1 Suppe mit Stäbchen?** Auch wenn es etwas schwierig erscheinen mag, in Asien liegt neben der Suppenschale oft ein Paar Stäbchen. Damit fischt man dann alle festen Bestandteile heraus und schlürft anschließend die Brühe genüsslich und häufig recht geräuschvoll – übrigens kein Zeichen mangelnder Tischmanieren, sondern der Hinweis: Hat super geschmeckt und schönstes Kompliment für den Gastgeber  **2 Wer war's?** Immer noch ungeklärt ist die Frage, ob die Italiener die Pasta erfunden haben oder ob die Nudel doch ein Import Marco Polo's aus China war. Sicher ist aber auf jeden Fall, wer die ersten Instant-Nudeln erfunden hat:  **3 Cup Noodles** nannten die Japaner die fertigen Nudeln, die samt Würze in Plastikbechern verschweißt 1971 auf den Markt kamen. Von dort aus eroberten die Becher-Nudelsuppen die ganze Welt – und nicht nur diese.  **4 Space Ramen**, die Weltraumnudelsuppen der japanischen Firma Nissin begaben sich im Jahr 2005 auf ihre erste Mission beim Shuttle-Flug der Raumfähre Discovery.  **5 Guten Morgen!** – mit einer Schale Misosuppe